Maravillas

Mc
Graw
Hill
Education

COVER: Nathan Love, Erwin Madrid

mheducation.com/prek-12

Mc
Graw
Hill
Education

Send all inquiries to:
McGraw-Hill Education
Two Penn Plaza
New York, New York 10121

ISBN: 978-0-07-683723-6
MHID: 0-07-683723-8

Printed in the United States of America.

4 5 6 7 8 LMN 23 22 21 20

Maravillas

Autores

Jana Echevarria

Teresa Mlawer

Gilbert D. Soto

Josefina V. Tinajero

Mc
Graw
Hill
Education

Nuestra comunidad

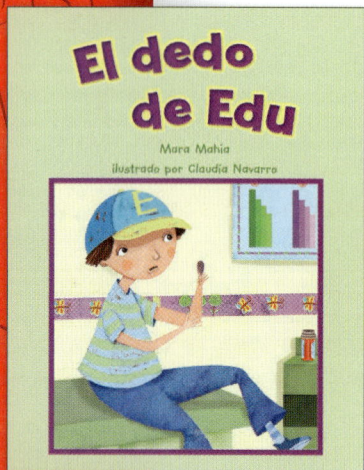

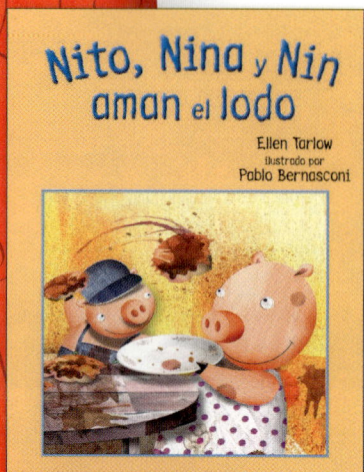

El dedo de Edu
Mara Mahia
ilustrado por Claudia Navarro

Nito, Nina y Nin aman el lodo
Ellen Tarlow
ilustrado por Pablo Bernasconi

(tl Claudia Navarro; (b) Pablo Bernasconi

my.mheducation.com

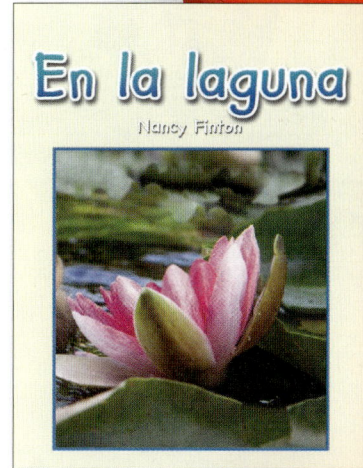

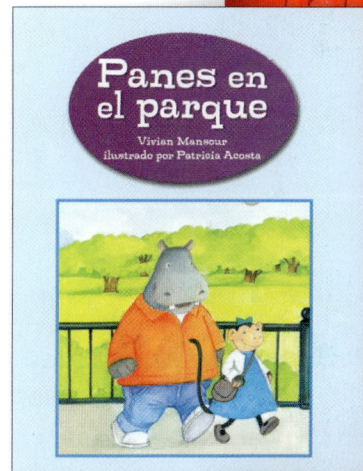

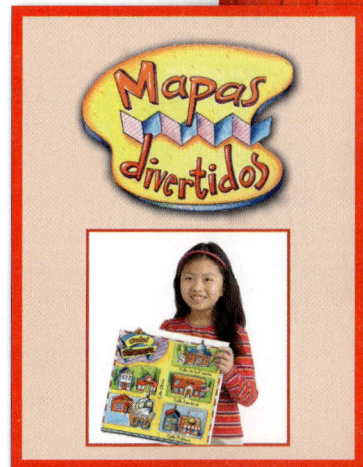

El dedo de Edu

Mara Mahía

ilustrado por Claudia Navarro

Género Ficción realista

Pregunta esencial

¿Qué trabajos se necesitan en una comunidad?

Lee acerca de cómo ayuda el trabajo de un doctor en la comunidad.

¡Conéctate!

El dedo de Edu duele.

—¡Duele **aquí**! —dice Edu.

El dedo está lastimado.

¡DUELE!

El dedo está lila.

¡El dedo duele!

—Vamos al doctor —dice Delia.

—¿Qué hace el doctor? —dice Edu.

—El doctor ayuda —dice Delia.

—¿Qué más hace? —dice Edu.

—El doctor cura a la gente —dice Delia.

El doctor ayuda, el doctor cura...

En la sala del doctor, Edu dice:

"El doctor ayuda. El doctor cura el dedo".

El doctor mira el dedo de Edu.

¡Edu está **tan** asustado!

El doctor dice: —¿Es este el dedo **que** duele?

—El dedo está lastimado —dice Edu.

El doctor estudia el dedo.

Mide el dedo.

Mira el dedo con la lupa.

Toma un pote con hielo.

Tapa el dedo con hielo.

—¿HIELO? —dice Edu.

¡Edu está **como** asustado!

—El hielo cura el dedo —dice el doctor.

18

Edu puede mover el dedo.

¡El doctor cura a Edu!

¡El dedo está como **nuevo**!

El dedo de Mara Mahía

De pequeña, Mara pasaba sus vacaciones en el campo. Una vez la picó una abeja. ¡La picó en un dedo! El dolor era terrible. Pero por allí no había ningún doctor. Entonces su papá tomó un poco de hielo y se lo puso en el dedo. ¡El dedo sanó!

Silke Hilgers

Propósito de la autora

Mara Mahía quiso mostrar cómo nos ayudan algunos miembros de la comunidad. Haz un dibujo de alguien que ayuda en la comunidad. Rotula tu dibujo.

Respuesta al texto

Volver a contar

Vuelve a contar con tus propias palabras *El dedo de Edu*. Di quiénes son los personajes, dónde están y qué les sucede.

Personaje	Ambiente	Sucesos

Escribir

¿Te gustaría ser doctor? ¿Por qué? Usa los siguientes marcos de oraciones:

Los doctores...
Me gustaría ser doctor porque...
No me gustaría ser doctor
 porque...

Hacer conexiones

COLABORA

¿Cómo ayuda el doctor en la comunidad donde vive Edu? **PREGUNTA ESENCIAL**

21

Compara los textos

Lee acerca de lo que hacen los bomberos.

Bomberos en acción

casco

botas

tubo

Suena la alarma en la estación de bomberos. Los **bomberos** bajan por un tubo. ¡A toda prisa se ponen la ropa para trabajar!

Richard Hutchings/PhotoEdit

Los bomberos suben al camión rojo.
¡El camión sale a toda velocidad!
Tiene una **sirena** y luces rojas.
Así se abre el camino entre los carros.

luces

escalera

manguera

Los valientes bomberos se ponen
a trabajar.
Usan mangueras para arrojar agua.
La ropa especial los **protege**.
¡Los bomberos apagan el fuego!

Ya es hora de almorzar.
Los bomberos almuerzan juntos.
Luego, esperan la próxima llamada.

Richard Hutchings/PhotoEdit

Haz conexiones

¿Cómo ayudan los bomberos a la comunidad?

PREGUNTA ESENCIAL

¿? Pregunta esencial

¿Qué edificios conoces?
¿De qué están hechos?

Lee acerca de tres cerditos que aman el lodo y un lobo que no está tan convencido...

¡Conéctate!

Nito, Nina y Nin aman el lodo

Ellen Tarlow

ilustrado por
Pablo Bernasconi

Nito, Nina y Nin están en su casa.

Su casa es de lodo.
¡Y los **tres** aman el lodo!

—¡**Vivir** en el lodo es lo mejor!
—dice Nina.
—¡Vamos a saltar **sobre** el lodo!
—dice Nito.

En ese momento... ¡un susto!
Un animal se asoma a la casa.

Nito y Nin están asustados.

—¿Es un animal malo?

—¿Es un animal astuto?

—¡Es el lobo! —dice Nina.

—No vamos a abrir
—dice Nito.
El lobo se molesta.
Toca, toca y toca.

¿**Ya** salió?

¡No! El lobo insiste tanto que le da tos.

El lobo tose y tose.

¡El lodo le da tos!

Nina, Nito y Nin están asustados.
¡Se toman de la mano y se abrazan!

El lobo patea la casa.
¡Y la casa de lodo se cae!

Nina se asusta.

El lobo patea y tose más. El lodo
lo tapa de lado a lado.

¡El lobo está todo enlodado!

—¡No me gusta este lodo! —dice el lobo.
Nina, Nito y Nin están contentos.
¡Hay lodo por todos lados!

El lobo se va muy molesto.
¡El lodo no le gusta nada!

—Vamos a hacer la casa —dice Nina.

—¡Usemos palos y ladrillos! —dice Nito.

—¡Sí, usemos palos y ladrillos! —dice Nin.

—¡No! Si amamos el lodo, usemos lodo
—dice Nina.
—¡Con lodo hacemos la masa y la casa!
—dicen Nito y Nin.

Pablo Bernasconi
y su montaña de papeles

Pablo Bernasconi ama dibujar animales que hacen cosas divertidas. Su estudio es un revoltijo de papeles y objetos, pero Pablo adora estar rodeado de papeles. ¡Tanto como a los cerditos les gusta el lodo!

Pablo Bernasconi

Propósito del ilustrador

A Pablo Bernasconi le encanta dibujar animales divertidos. Haz un dibujo y escribe una oración sobre un animal que haga cosas divertidas.

Respuesta al texto

Volver a contar

Vuelve a contar con tus propias palabras los sucesos importantes de *Nito, Nina y Nin aman el lodo*.

Personaje	Ambiente	Sucesos

Escribir

Escribe instrucciones para que los cerditos construyan su nueva casa. Usa los siguientes marcos de oraciones:

Primero, los cerditos deben...
Después, pueden...
Luego, tienen que...

Hacer conexiones

COLABORA

¿En qué se parece la casa de Nito, Nina y Nin a las casas que conoces? ¿En qué se diferencia?

PREGUNTA ESENCIAL

Leer juntos

Compara los textos

Lee sobre las diferentes casas que se hacen en el mundo.

Casas del mundo

Hay diferentes tipos de casas. **Construimos** nuestra casa según el **lugar** donde vivimos.

Esta casa está construida en la roca.

Esta casa
es de madera.

Esta casa es ideal para lugares
húmedos. ¡Aquí hay mucha
agua! Los pilotes evitan
que la casa se inunde.

Esta casa es ideal para un lugar caluroso.
¡En este lugar hay mucha arcilla!
La gente la usa para construir casas.
La arcilla mantiene la casa fresca.

Esta casa
es de arcilla.

46

Los iglúes se hacen con hielo.

Hay mucho hielo en este lugar.
El hielo se usa para construir.
Esta casa es un iglú. Los iglúes
pequeños no sirven para vivir, pero
son un buen **refugio** contra el frío.

¿Cómo es tu casa?

¿? Haz conexiones

¿Cuál de estas casas crees que
les gustaría más a Nito, Nina
y Nin? ¿Por qué? PREGUNTA ESENCIAL

©Radius Images/Getty Images

Pregunta esencial

¿Dónde viven juntos los animales?

Lee acerca de los animales que viven en una laguna.

¡Conéctate!

Frans Lemmens/The Image Bank/Getty Images

En la laguna

Nancy Finton

George Ostertag/SuperStock

¿Quién vive en la laguna?

¿Quién va por el agua?
¿Quién va por el pasto?
¿Quién va volando?
¡Vamos! ¡Los invito!

Este animal vive en la laguna.
Nada, salta y se posa **entre** los pétalos.
¿Lo ves?

Buddy Mays/Corbis/Getty Images

Ve su alimento y salta.
—¡Ven a mí! —le dice.
¡Le gusta **comer**!
¿Quién es?

(inset) David & Micha Sheldon / F1 Online/ Photolibrary; Nigel Dennis/Gallo Images/SuperStock

Este animal visita la laguna.

Siempre anda volando y nadando.

Mete su pico en todos lados para comer.

¡Mmmmm!

Su nido está en el pasto.
Lo hace con palitos.
¡Ya salen los patitos!
¿Quién es?

Jason Stemple. Reproduced with permission of Curtis Brown, Ltd.

Ella nada, **pero** también anda
por el pasto.
¡Vive un montón de **años**!
¿Quién es?

Este animal solo vive en el agua.
Nada, nada y nada.
¿Lo ves? ¡Se asoma para comer!
¿Quién es?

Este animal está en la laguna.
Lo vemos en todos lados.
Es **grande** y aletea.
¿Quién es?

garceta

mapache

tritón

pez

sapo

castor

¡Mira a estos animales!
¿Quién es quién?

Nancy Finton nos lleva a la laguna

Nancy Finton dice:

"Me encanta vivir en la ciudad. ¡Pero a veces me resulta demasiado grande y ruidosa! Entonces me dan ganas de estar en una laguna tranquila, con las ranas y las tortugas".

Propósito de la autora

Nancy Finton quería escribir sobre los animales de la laguna para que los lectores los conozcan mejor. Dibuja un lugar donde vivan muchos animales. Luego, escribe una oración acerca de tu dibujo.

(tl) Nancy Finton; (bkgd) Reimar Gaertner/Pixtal/Age fotostock

Respuesta al texto

Volver a contar

Vuelve a contar con tus propias palabras los detalles importantes de *En la laguna*.

Tema principal		
Detalle	Detalle	Detalle

Escribir

Escribe dos páginas más acerca de uno de los animales de *En la laguna*. Usa las fotografías como ayuda.

Usa los siguientes marcos de oraciones:

Las ranas viven…
Las ranas tienen…
Además, pueden….

Hacer conexiones

COLABORA

¿En qué se parece la laguna al bosque de "La vida en el bosque"? ¿En qué se diferencian?

PREGUNTA ESENCIAL

(br) Lisa Stokes/Flickr/Getty Images

Compara los textos
Lee acerca de animales
que viven en un árbol.

Mi árbol

En el patio de mi casa

un árbol hay grande, grande,

con ramas que son enormes

y con muchos animales.

Un pájaro de colores

canta, canta con amor

y una paloma despierta

porque ya ha salido el sol.

62

Es tan alto, alto mi árbol

que llega al azul del cielo,

y sigue hasta el infinito

y a los planetas diversos.

Hugo García

¿? **Haz conexiones**

¿En qué se parece el árbol a la laguna? ¿En qué se diferencia?
PREGUNTA ESENCIAL

Pregunta esencial

¿Cómo ayuda la gente en la comunidad?

Lee acerca de unos animales que quieren plantar árboles.

¡Conéctate!

Panes en el parque

Vivian Mansour
ilustrado por Patricia Acosta

—Mira, hay una venta de
pan —dice Lolita.

—¿Una venta de pan? —dice
Tonelón—. ¿Dónde?

—**Ahí**, en el parque Los limones —dice Matilde.

—¡Me gusta! ¡Vamos, amigas! —dice Tonelón.

PARQUE LOS LIMONES

—¿Y para qué es la venta? —dice Matilde.

—La venta es para ayudar
a plantar árboles en el
parque —dice Lolita.

Coma pan
y
plante un árbol

—Yo **quiero** ayudar. Voy a comer un
pan —dice Matilde.

72

—Quiero comer seis panes
grandes —dice Tonelón.

—Yo quiero dos —dice Lolita.

—Mmm, **casi** me los acabo todos —dice Tonelón.

—Hay que **llamar** a los amigos
para que ellos también ayuden
—dice Lolita.

—¿Te gustó, Tonelón? —
dice Lolita.

—**Bueno**, me gusta comer, pero también me gusta ayudar —dice Tonelón.

—¡Con todo lo que comiste, ya ayudaste a plantar todo un parque! —dice Matilde.

Vivian Mansour y los animales

Vivian Mansour Manzur

Vivian Mansour dice: "Siempre disfruté mucho de dar paseos por el parque y de observar a los diferentes animales que viven ahí. Imaginaba que se ayudaban unos a otros y que cada uno tenía una tarea".

Propósito de la autora

Vivian Mansour quería contar una historia de animales que ayudan en su comunidad. Dibuja un animal que ayuda en su comunidad. Escribe algo acerca de él.

Respuesta al texto

Volver a contar

Vuelve a contar con tus propias palabras los detalles importantes de *Panes en el parque*.

Personaje	Ambiente	Sucesos

Escribir

Escribe una fantasía sobre un personaje que va a una venta de limonada.
Usa los siguientes marcos de oraciones:

El personaje se llama...
Es un...
Va a...

Hacer conexiones

COLABORA

¿? ¿Cómo ayuda a la comunidad plantar árboles?
PREGUNTA ESENCIAL

81

Género No ficción

Compara los textos

Lee acerca de cómo pueden ayudar los niños.

¡Los niños pueden ayudar!

¿Qué pueden hacer los niños en el **vecindario**?

¡Pueden ayudar a hacer una **huerta**! Es divertido sembrar semillas y cuidarlas para que crezcan.

¡Nada mejor que ayudar en la huerta comunitaria! Las plantas son bonitas. ¡Y todos pueden comer frutas y verduras frescas!

Los niños pueden ayudar a limpiar el patio de juegos. Pueden ayudar a juntar la basura. Pueden **reciclar** latas y botellas.

Cuando reciclamos, limpiamos el vecindario. Cuando reciclamos, también ayudamos al planeta.

¿Quieres ayudar en tu vecindario?
Piensa en lo que puedes hacer.

Cómo podemos ayudar

1. Haz una huerta.

2. Limpia el patio de juegos.

3. Recicla latas y botellas.

Haz conexiones

¿Por qué una huerta es buena para
la comunidad? PREGUNTA ESENCIAL

(l) Illustration: Steven Mach; (r) McGraw-Hill Companies Inc./Ken Karp, photographer

Leer juntos

¿? **Pregunta esencial**

¿Cómo encontrar el camino?

Lee para aprender a usar un mapa.

¡Conéctate!

Mapas divertidos

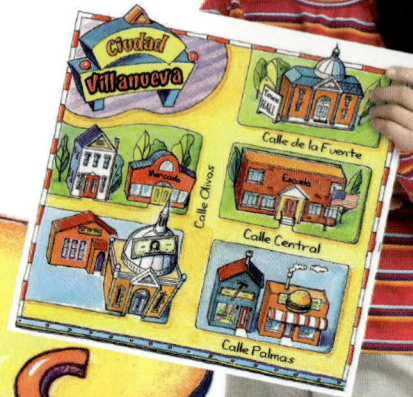

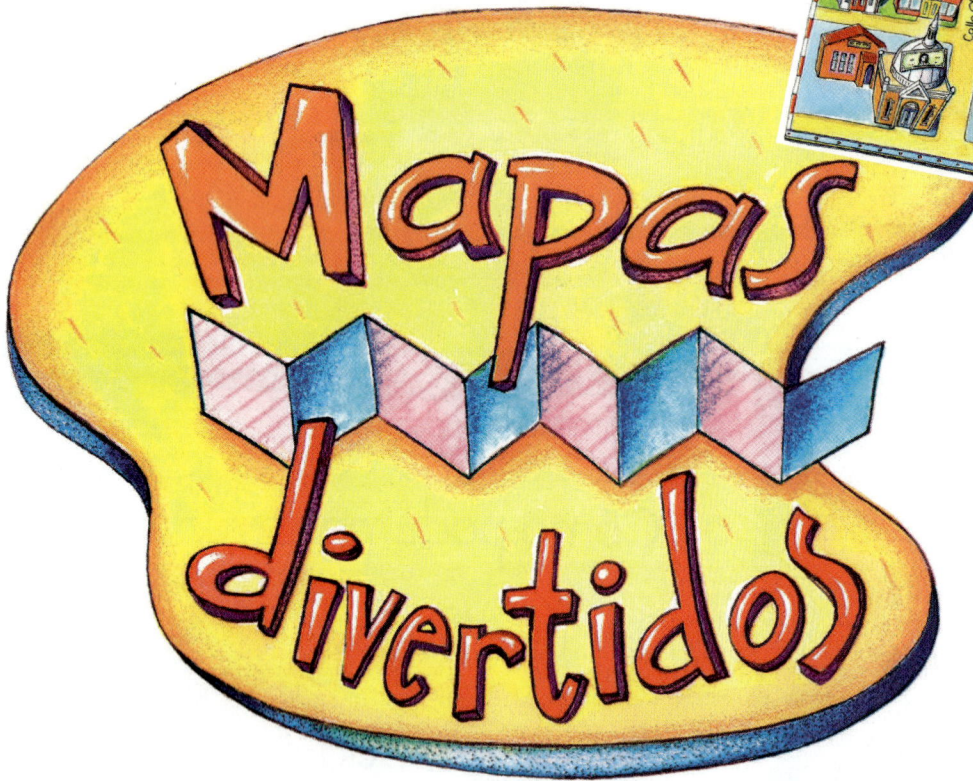

Un mapa es un dibujo de un lugar. **Siempre** es muy útil. Nos dice dónde estamos o cómo ir adonde queremos.

86

El cuarto de Felipe

Hay mapas de lugares pequeños.
Este es un mapa del cuarto de Felipe.
¿Dónde están las ventanas?
¿Qué hay al lado de la cama?
¿Dónde están los juguetes?

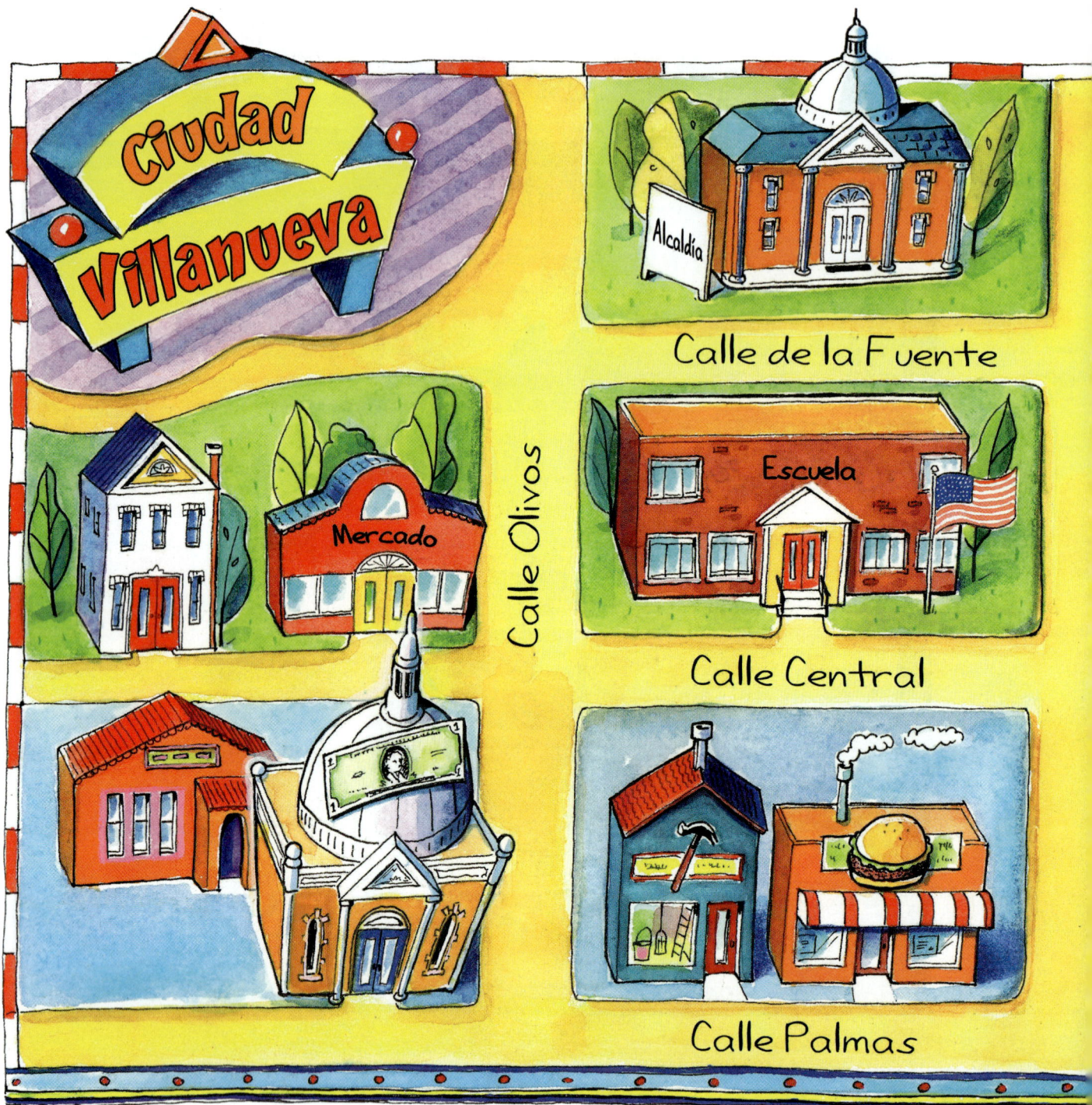

Ciudad Villanueva

Alcaldía

Calle de la Fuente

Mercado

Escuela

Calle Olivos

Calle Central

Calle Palmas

Algunos mapas son de lugares grandes.
Este es el mapa de una ciudad.
¿Qué lugares ves en él?

Calle Florida

Calle del Elefante

Estación de Bomberos

Correo

Biblioteca

¿En qué calle está el mercado?
¿Dónde está la estación de bomberos?
¿Cómo vamos de la escuela a la
estación de bomberos?

Parque Fabuloso

Hay **muchos** mapas de lugares divertidos.
Este es el mapa de un parque.
El símbolo indica dónde están las
mesas. ¿Es hora de comer? ¡El mapa nos
ayuda a llegar a **tiempo**!

Clave

 = lago

 = área de pícnic

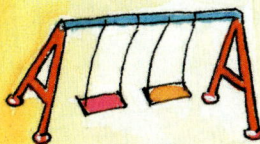 = juegos

 = campo de béisbol

 = música

 = puesto de comida

La clave te explica los símbolos.
Usa la clave para buscar lugares.
¿Qué símbolo señala el lago?
¿Qué indica el símbolo 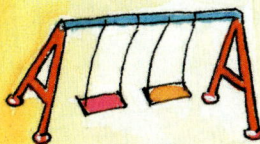 ?

Hay mapas de lugares de fantasía.
Este mapa dice dónde hay un tesoro.
¿Qué camino debo tomar para
encontrarlo? Si quiero el tesoro...
¡**primero** tengo que mirar el mapa!

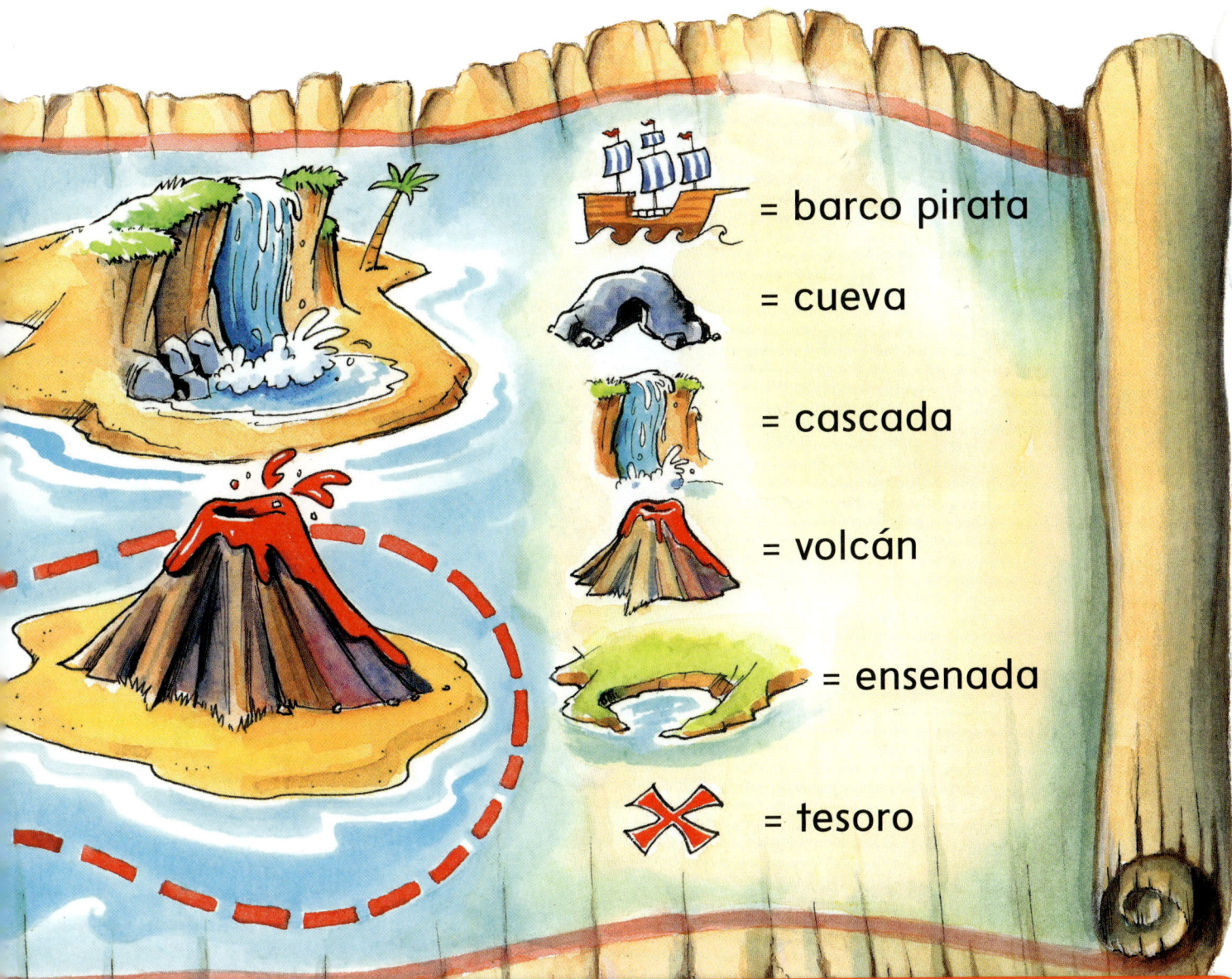

 = barco pirata

 = cueva

 = cascada

 = volcán

 = ensenada

= tesoro

Respuesta al texto

1. Vuelve a contar con tus propias palabras los detalles importantes de *Mapas divertidos*. **VOLVER A CONTAR**

2. ¿Por qué el autor usa diferentes tipos de mapas? ¿Cómo te ayuda esto a comprender mejor los mapas? **ESCRIBIR**

3. ¿Cómo te ayuda el mapa del parque?
EL TEXTO Y EL MUNDO

Leer juntos

¿Norte, Sur, Este u Oeste?

Los mapas muestran lugares. Para llegar a esos lugares, seguimos una dirección. Norte, Sur, Este y Oeste son direcciones.

Observa el mapa del zoológico. ¿El león está al norte o al sur de la heladería? ¿Los monos están al este o al oeste?

Illustration: Steven Mach

94

Zoológico

Clave
N = Norte
E = Este
S = Sur
O = Oeste

Haz conexiones

¿Qué hay al norte del campo de béisbol en el mapa del Parque Fabuloso? PREGUNTA ESENCIAL

Glosario

¿Qué es un glosario? Un glosario ayuda a comprender el significado de algunas palabras. Las palabras se presentan en orden alfabético. Se suelen mostrar en una oración de ejemplo. A veces hay una foto que las ilustra.

Ejemplo de entrada

Letra

Nn

Entrada

Oración

nido

En el **nido** hay tres huevos.

Aa

animal
El león es un **animal** salvaje.

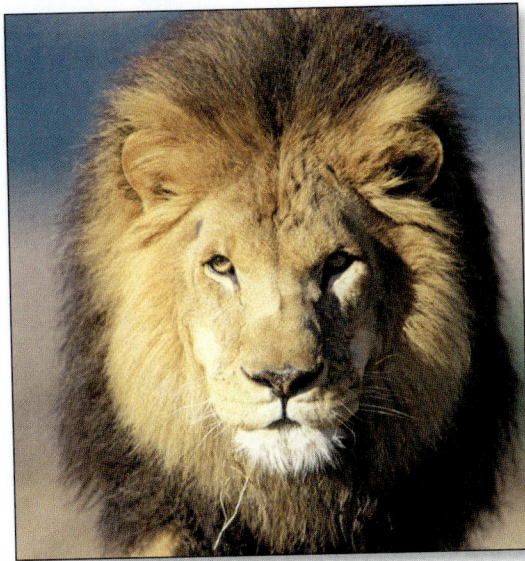

Bb

bomberos
Los **bomberos** apagan el fuego.

Cc

casa
El perro duerme en su **casa**.

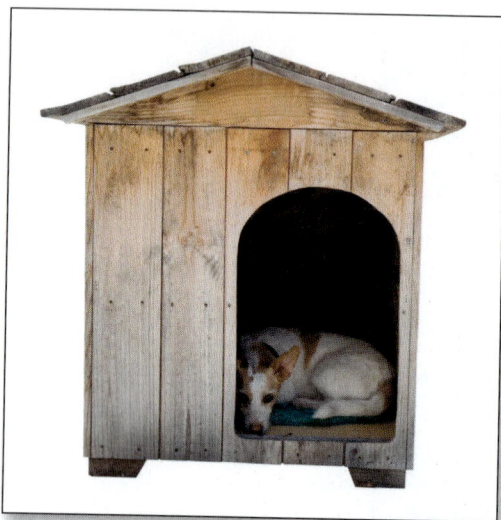

comer
Me encanta **comer** chocolate.

Dd

dedo

Un **dedo** sobre los labios es señal de silencio.

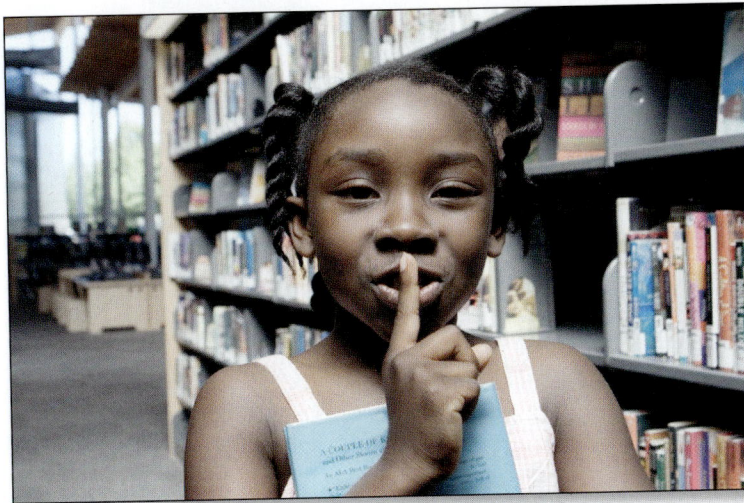

Gg

grande

La casa de mi abuelo es **grande**.

(t) Andersen Ross/Blend Images/Getty Images; (b) Phillip Spears/Digital Vision/Getty Images

Ii

invito

Invito a mis amigos a jugar.

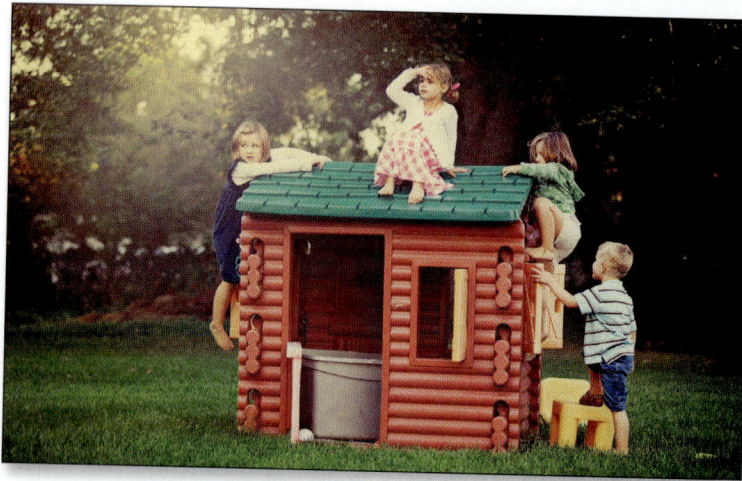

Ll

llamar

A Lisa le gusta **llamar** a su amiga.

Nn

nido
En el **nido** hay tres huevos.

Pp

primero
Javier llegó **primero**.

(t) Mark Steinmetz/McGraw-Hill Education; (b) Julia Fishkin/Photolibrary/Getty Images

Rr

reciclar

Me gusta **reciclar**.

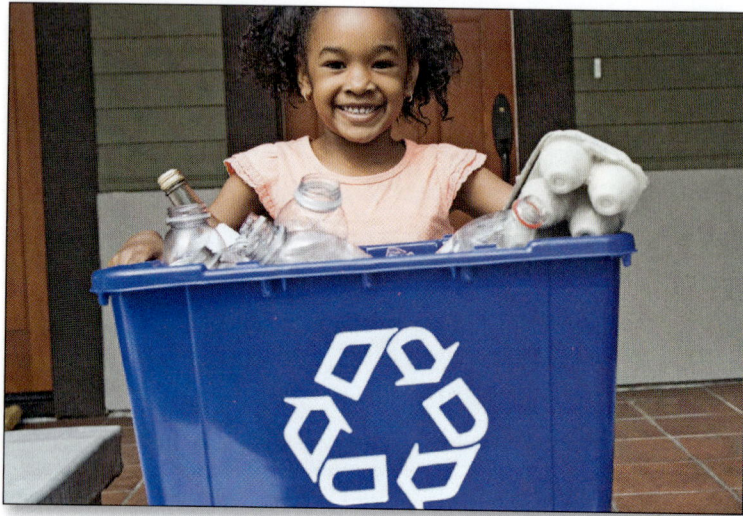

Tt

tiempo

Tenemos **tiempo** para jugar.

tres

Estos son **tres** tipos de fruta.

Vv

vive

Susana **vive** en mi vecindario.

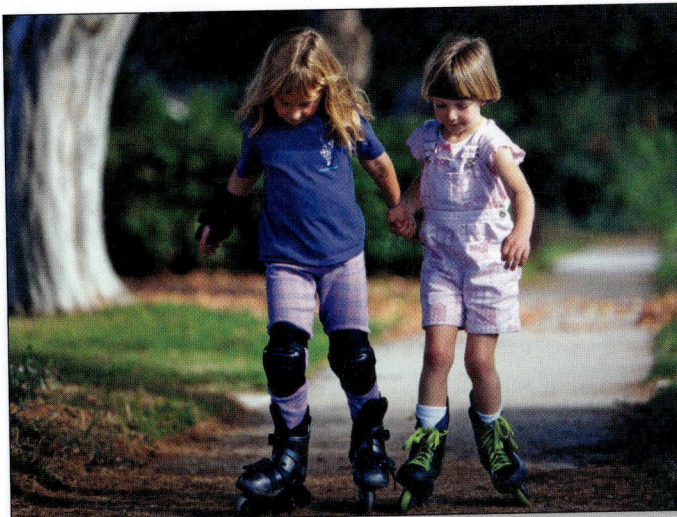